হৃদয়ের কথা

(Out From The Heart)

জেম্‌স এলন

ডায়মন্ড বুক্‌স

www.diamondbook.in

প্রকাশক ঃ ডায়মণ্ড পকেট বুক্স প্রা. লি.
X-30, ওখলা ইণ্ডাস্ট্রিয়াল এরিয়া, ফেজ - II
নূতন দিল্লী - 110 020
ফোন   ঃ 011 - 40712200
ই-মেল   ঃ sales@dpb.in
ওয়েবসাইট ঃ www.diamondbook.in
সংস্করণ   ঃ 2021

Hridoyer Katha (B ANGALI)
By : James Allen

বিষয় সূচি

১.
হৃদয় ও জীবন

যেমন হৃদয় তেমনি জীবন। হৃদয় থাকলে সব আছে, আর না থাকলে কিছুই নেই। হৃদয়ের মধ্যে কিছু লুকিয়ে রাখা ততটা সহজ কথা নয়। অল্প কিছুদিনের জন্য কিছু লুকিয়ে রাখা গেলেও, সারা জীবনের জন্য তা লুকিয়ে রাখা সম্ভব না। যখন তা ফুলে-ফেঁপে নিজের আসল আকার ধারণ করবে, তখন তা সকলের সামনে প্রকট হয়ে যাবে। বীজ, বৃক্ষ, ফুল ও ফল...সবই এই বিশাল ব্রহ্মাণ্ডের চারগুন কম। কোনও মানুষের মানসিকতাই, তাকে তার জীবনের পথে এগিয়ে নিয়ে যেতে সাহায্য করে। তার কর্মের মধ্যে দিয়েই তার বিচারের পরিচয় পাওয়া যায়, সেই কর্মই চরিত্র ও ভাগ্য রূপে ফল প্রদান করে।

জীবন সর্বদা আমাদের ভেতর থেকে প্রকটিত হয়, আর তা নিজেকে প্রকাশ্যে নিয়ে আসে। মানুষের মনের মধ্যে যে বিচার গুলির সৃষ্টি হয়, শেষ পর্যন্ত সেটাই শব্দ বা কার্যের রূপ ধারণ করে, পূর্ণতা লাভ করে ও নিজেকে প্রকট করে।

গুপ্ত ঝর্ণা যেমন কোনও এক সময় ফোয়ারার আকার নেয়, ঠিক তেমনি মানুষের মনের ভেতর যে বিচারের জন্ম হয় তা তার সারাটা জীবনকে প্রভাবিত করে। মানুষ যেমন, সে যেমন কাজ করে, সেই সমস্ত কিছুর জন্ম হয় মন থেকেই। মানুষ যে কাজ করে, বা যে ধরনের কাজ করার কথা ভাবে, সেখান থেকেই এর উদয় হয়।

সুখ-দুঃখ, খুশি-হতাশা, আশা-নিরাশা, প্রেম-ঘৃণা, জ্ঞান-অজ্ঞান প্রভৃতি সবই আমাদের হৃদয়ে কোনও না কোনও ভাবে বাস করে। এই সবই এক প্রকারের মানসিক পরিস্থিতি।

মানুষ তার মনের রক্ষক, সে নিজেই নিজের মনকে পাহারা দেয়, নিজের জীবনের সবচেয়ে বড় রক্ষক হল সে নিজেই। কোনও ব্যক্তি পরিশ্রমী, আবার কেউ বেপরোয়া হতে পারে। তবে সে যেমনই হোক না কেন, ইচ্ছা করলেই নিজের মনকে সে সাবধানতার সাথে নিয়ন্ত্রণে রাখতে পারে। সে অনেক বেশি সচেতন হয়ে নিজের মনের দেখাশোনা করতে পারে, সে ইচ্ছা করলেই অবিবেচকের মতো বিচারকে নিজের থেকে দূরে রাখতে পারে এবং জ্ঞান ও আনন্দের সাথে জীবনের পথে এগিয়ে যেতে সক্ষম হয়।

অন্যদিকে, নিজের জীবনকে ব্যবস্থিত করতে পারে এমন সর্বোৎকৃষ্ট কার্য গুলিকে সে অদেখা করে, অলসতার সাথে বেপরোয়াভাবে জীবন কাটাতে চায়। এমনভাবে জীবন কাটানোর শৈলীকে আত্ম-ভ্রম বা বেদনাদায়ক বলা যেতে পারে।

প্রতিটা ব্যক্তির এটা অনুভব করতে হবে যে, সম্পূর্ণ জীবন যে রূপ ধারণ করে, তার বীজ বপন করা থাকে মনে। যে এই সত্য অনুভব করতে পারে, তার কাছে পরম সুখের পথ খুলে যায়। কারণ তখন সে এটা বুঝতে পারে যে, সে নিজের মনের প্রভু, মনকে শাসন করা ও সেটাকে নিজের আদর্শানুসারে চালনা করার ক্ষমতা আছে তার। তখন সে নিজের সর্বোৎকৃষ্ট বিচার গুলিকে সফল করে তোলার জন্য দৃঢ়তার সাথে দ্রুতগতিতে নিজের কাজ গুলিকে সার্থক করে তোলার চেষ্টা করবে। তার জন্য জীবন সুন্দর ও পবিত্র হয়ে উঠবে। দেরিতে হলেও সে নিজের সমস্ত দোষ, ভ্রম ও ব্যথা দূর করতে সক্ষম হবে। যে ব্যক্তি শক্ত হাতে নিজের মনকে শাসন করতে পারে, যে দৃঢ় প্রহরী হয়ে উঠতে জানে, সে সহজেই মুক্তি, জ্ঞান ও শান্তিতে জীবন যাপনের কলা আয়ত্ত করতে পারে।

২.
মনের প্রকৃত শক্তি

জীবনের মধ্যস্থতা করে মন। এটাই বিভিন্ন পরিস্থিতি গড়ে তোলে, তার আকার দান করে, এর সাহায্যেই মানুষ সমস্ত পরিণাম গুলি লাভ করে থাকে। তার মধ্যে নিজেকে ভ্রমে ফেলা বা বাস্তবিকতাকে বোঝার ক্ষমতা থাকে। মানুষের ভাগ্যকে লেখার চাবিকাঠি থাকে তার মনের কাছে। বিচার গুলি হল ভালো বা মন্দ কাজের সুতো, এই সুতো দিয়েই জীবনের যে জাল রচিত হয়, তাই হল মানুষের জীবনের ভিত, যা চরিত্রকে গড়ে তুলতে সাহায্য করে। এই সুতো দিয়ে যে বস্ত্র বানানো হয়, মানুষ সেই বস্ত্রই ধারণ করে তার নিজের শরীরে।

মানুষের শরীরে শক্তিশালী মস্তিষ্ক আছে, তাই মানুষের কাছে কোনও শক্তির অভাব হয়না। তার হাতে বিকল্পের কোনও শেষ থাকে না। অভিজ্ঞতাই মানুষের চলার পথের পাথেয়। সে নিজের অভিজ্ঞতাকে দ্রুত বা ধীমে করতে পারে। কোনও একটা বিষয়কে মেনে নিতেই হবে, এমন কোনও বাধ্য-বাধকতা নেই তার জীবনে। তা সত্ত্বেও মানুষ নিজের চলার পথে বেশ কিছু বিষয়কে নিজের সাথে বেঁধে রাখে, আর সেই বাধ্য-বাধকতার মধ্যে দিয়েই নিজের জীবনকে পরিচালিত করার চেষ্টা করে। সে ইচ্ছা করলেই নিজেকে যেকোনও বাঁধন থেকে যেকোনও সময়ে মুক্ত করতে পারে।

মানুষ যেমনটা চায়, ঠিক তেমন ভাবেই নিজের চরিত্র গড়ে তুলতে পারে। পশুর মতো নাকি ঋষির মতো জীবন কাটাবে, তা নির্ভর করে তার নিজের উপর। সে ইচ্ছা করলেই জ্ঞান অর্জন করতে পারে, আবার মূর্খ হয়েই সারাটা জীবন কাটিয়ে দিতে পারে। বারংবার চেষ্টা করে মানুষ নিজের অভ্যাস গড়ে তুলতে পারে, আবার চেষ্টার দ্বারা যেকোনও অভ্যাসকে ভাঙতেও পারে সে। তবে সত্যের থেকে বঞ্চিত হলে, তার চারদিকে ভ্রমের সৃষ্টি হয়। সেই ভ্রম থেকেও নিজেকে মুক্ত করার মতো ক্ষমতা আছে তার, যতক্ষণ না সত্য সম্পূর্ণ রূপে তার সামনে এসে উপস্থিত হচ্ছে। তার ভেতরে অনন্ত সম্ভাবনা লুকিয়ে থাকে, সে স্বতন্ত্র ক্ষমতার অধিকারী।

মানুষের মন এমনই প্রকৃতির, যে তা নিজের পরিস্থিতি নিজেই গড়ে তোলে, আর এমন পরিস্থিতির নির্মাণ করতে চায়, যেখানে সে বাস করতে সহজ বোধ করবে। সে যেকোনও পরিস্থিতি বদলানোর ক্ষমতা রাখে, যেকোনও প্রকৃতিকে ত্যাগ করার মতো শক্তি থাকে তার মধ্যে। পরিস্থিতি যেমনই হোক না কেন, নিজের জ্ঞানানুসারে মানুষ বারংবার সেই পরিস্থিতিকে নিজের অনুকূল করে তোলার চেষ্টা করে, আর তাতে করে সে আরও বেশি অভিজ্ঞতা লাভ করতে সক্ষম হয়।

মানুষের মনের মধ্যে যে বিভিন্ন বিচারের তরঙ্গ খেলা করে, তাই জীবন ও চরিত্রের মধ্যে যোগসূত্র গড়ে তোলে। নিজের সহ্য ক্ষমতা ও ইচ্ছা দ্বারা মানুষ এই প্রক্রিয়া গুলিকে সংশোধন করতে পারে ও তা বদলাতেও সক্ষম হয়। অসভ্যতা, পাপ করার বাসনা, নপুংসকতা প্রভৃতি মানুষ নিজেই নির্মাণ করে, আর একমাত্র মানুষই পারে তা ধ্বংস করতে। এই বিচার গুলি মানুষের নিজের মধ্যেই থাকে আর বাইরের সংস্পর্শে এসে তা প্রস্ফুটিত হয়ে যায়। সেই বিষয় গুলির সাথে তার সরাসরি কোনও যোগ থাকে না।

বাহ্য অস্তিত্ব মানুষকে একটা কাঠামোতে ঢেলে আন্তরিক দিক থেকে সজীব করে তুলতে পারে, কিন্তু বাহ্য দ্বারা কখনই অন্তরকে বদলানো সম্ভব না। বাহ্যিক বস্তু কখনই প্রলোভনের জন্ম দিতে পারে না, প্রলোভনের জন্ম হয় বাসনার থেকে, যা মানুষের মনের সৃষ্ট ফসল। মানুষের প্রসন্নতার সাথে বাহ্যিক কোনও বস্তুর কোনও যোগসূত্র থাকে না, তার সমস্ত দুঃখ ও সন্তাপের কারণ হল তার নিজের মন। মানুষ নিজের মনকে অনুশাসনের মধ্যে রাখতে পারে না, তাই সে বাহ্যিক বস্তু ও প্রসন্নতার দিকে হাত বাড়ায়, যার কারণ হল প্রলোভন।

যে মন পবিত্র, বুদ্ধির দ্বারা দৃঢ়তা ও অনুশাসন লাভ করে, সে সমস্ত রকম বাসনাকে এড়িয়ে চলার ক্ষমতা রাখে, নিজেকে সমস্ত রকম ইচ্ছার থেকে দূরে রাখতে পারে। যে মানুষ বিভিন্ন দুঃখের বন্ধনে আবদ্ধ থাকে, জ্ঞান আর অন্তরের শান্তিই তাকে সেই দুঃখের বন্ধন থেকে মুক্ত করতে পারে।

অন্যকে দোষারোপ করা খুবই খারাপ কাজ, বাহ্যিক পরিস্থিতির জোয়ারে আপনি যদি নিজেকে ভাসিয়ে দেন, তাহলে তা আপনার দুঃখ ও অশান্তির কারণ হয়ে উঠবে, তা কমার বদলে প্রতি নিয়ত বৃদ্ধি পেতে থাকবে। আমাদের অন্তরের ছায়া বা প্রভাবই বাহ্যিক পরিবেশে দেখা যায়। মন যদি শুদ্ধ হয়, তাহলে সমস্ত কিছুই আমাদের শুদ্ধ বলে মনে হয়।

সমস্ত জীবন ও বিকাসের পথ আমাদের অন্তর থেকে বাহ্যিক দুনিয়ার দিকে প্রবাহিত হয়। সমস্ত দুঃখের শিকড় আমাদের ভেতরেই বপন করা থাকে, এটাই সার্বভৌমিক নিয়ম। সমস্ত বিকাশ ভেতর থেকেই বিকশিত হয়ে একটা বিরাট আকার ধারণ করে। যে ব্যক্তি অন্যের বিরোধীতা করার চেষ্টা করে না, সে নিজের শক্তির দ্বারা নিজের মনকে চালনা করতে পারে, তা রূপান্তরণ, উত্থান ও বিকসিত করে তুলতে পারে। সে নিজের

উর্জাকে সংরক্ষিত করতে জানে, সেই সাথে নিজেকেও সংরক্ষিত করতে পারে। যখনই কোনও মানুষ নিজের মনকে বোঝাতে সফল হয়, সে অন্যের বিচার ও জ্ঞানের দ্বারা এক পরম সুখের অবস্থা প্রাপ্ত করতে সক্ষম হয়।

আপনি যদি অন্যের মনের ইশারায় চলেন, যদি অন্যের দেখানো পথে চলতে চান, তাহলে কখনই আত্মজ্ঞান বা শান্তি লাভ করতে পারবেন না। তার বদলে নিজের মনের উপর বৈধ অধিকার প্রয়োগ করুন, আর নিজেকে দৃঢ় ও উচ্চ গুণ সম্পন্ন পথে নিয়ে যাওয়ার চেষ্টা করুন, চেষ্টা করলেই আপনি এই সদ্গুণ লাভ করতে পারেন।

মানুষের জীবন তার মন ও মস্তিষ্কের দ্বারা চালিত হয়, সে নিজের মনকে বিভিন্ন বিচার ও কর্মের দ্বারা সংযোজিত করে থাকে। মানুষ নিজের পছন্দের বিচার অনুসারেই ভেতরের শক্তি ঐক্যবদ্ধ করে। এইভাবে সে নিজের জীবনকে বদলাতে পারে।

আসুন দেখা যাক, এর জন্য কী কী করতে হবে।

৩.
অভ্যাসে পরিণত করা

যে ব্যক্তি মানসিক দিক থেকে খুবই মজবুত, সে অবশ্যই একটা অভ্যাসের মধ্যে দিয়ে নিজেকে চালনা করতে পারে। আর তার মধ্যে সেই বিচার ঘুরে ফিরে আসতে দেখা যায়। হতাশা ও প্রফুল্লতা, ক্রোধ ও শান্তি, লোভ ও উদারতা... বাস্তবে এই সবই মনের বিভিন্ন অবস্থা, আপনি যেগুলি পছন্দ করবেন সেই গুলিই আপনার অভ্যাসে পরিণত হবে, আর শেষ পর্যন্ত এইগুলিই আপনাকে চালনা করতে শুরু করবে। একই বিচার অনুসারে যদি আপনি বারংবার নিজেকে পরিচালিত করতে থাকেন, তাহলে তা আপনার অভ্যাসে পরিণত হয়। এই অভ্যাসের দ্বারাই ব্যক্তির জীবন এগিয়ে যায়।

নিজের অভিজ্ঞতার ভিত্তিতে মানুষ বিভিন্ন জ্ঞান প্রাপ্ত করে, আর সেটাই তার মনের স্বভাবে পরিণত হয়। যে বিচার খুবই কঠিন বলে মনে হয়, প্রথমে সেটাকে ধারণ করতে হয়, আর তারপর সেখানে নিজেকে টিকিয়ে রাখাটা জরুরি হয়ে ওঠে। শেষ পর্যন্ত, বারংবার একই পথে চলার জন্য স্বাভাবিক ভাবেই তা অভ্যাসে পরিণত হয়।

একটা ছেলে, যখন কোনও ব্যবসা শেখার চেষ্টা করে, তখন সে নিজের উপকরণ গুলিকে ঠিক মতো সামলে রাখতে পারে না। সঠিক

ভাবে সেইগুলির ব্যবহার তো সে করতেই পারে না, কিন্তু দীর্ঘ সময় ধরে একই কাজ করার ফলে তা তার অভ্যাসে পরিণত হয়, ফলে সে সেই কাজে নিপুণ হয়ে ওঠে এবং দক্ষতার সাথে নিজের কার্য পরিচালনা করতে সক্ষম হয়। ঠিক সেই রকম, মানুষের মন যখন প্রত্যক্ষ রূপে প্রথমবার কিছু অনুভব করার চেষ্টা করে, তখন সে ব্যর্থ হয়। কিন্তু দৃঢ়তা ও অভ্যাসের কারণে শেষ পর্যন্ত সে প্রাকৃতিক উপায়ে সহজ ভাবে চরিত্রের নির্মাণ করতে সক্ষম হয়।

মনের শক্তি দ্বারা অভ্যাস গঠন করা যায় এবং তা সংশোধনও করা সম্ভব। এই পরিস্থিতি গুলির মধ্যেই মানুষের মুক্তির আধার লুকিয়ে থাকে। এটা পূর্ণ স্বাধীনতার উন্মুক্ত দ্বার, যা নিজের দক্ষতা দ্বারাই প্রাপ্ত করা সম্ভব। মানুষের মধ্যে যেমন কু-অভ্যাস গঠনের শক্তি থাকে, ঠিক তেমনভাবেই সু-অভ্যাস গঠনের শক্তিও থাকে তার মধ্যেই, যা অনিবার্য কারণেই খুবই প্রয়োজনীয়। এখানে কিছু বিষয় পাঠকদের স্পষ্ট করে বোঝানোটা খুবই জরুরি, যাতে তারা গভীর ভাবে বিচার করতে সক্ষম হয়।

সাধারণত বলা হয়, সঠিক কাজ করার তুলনায়, ভুল কাজ করাটা খুবই সহজ। পবিত্র কাজ করার চেয়ে পাপ করা সহজ। এমন স্থিতিকে সাধারণত সার্বভৌমিক রূপে স্পষ্ট সত্য বলে ধরা হয়।

তবে আজ পর্যন্ত কোনও সাধারণ বুদ্ধি সম্পন্ন শিক্ষকও এই কথা বলেননি, ‘‘খারাপ কাজ বা নিজের ক্ষতি হতে পারে এমন কাজ করাটা খুবই সহজ, যে কাজ লাভদায়ক ও নিজের জন্য ভালো তা করা কঠিন।’’

সাধারণ ভাবে দেখলে বলা যায়, এটা একেবারেই সত্যি, আসলে নিজের অভিজ্ঞতার উপর ভিত্তি করে এটাকে সত্যি বলা যায়, যেকোনও মানুষের বিকাশের ক্ষেত্রে ক্ষণ ভঙ্গুরতার কাজ করতে পারে। কোনও

জিনিসের নিশ্চিত পরিস্থিতি এটা হতে পারেনা। এটা কোনও শ্বাশত সত্য নয়। অজ্ঞানতার বলে যেকোনও মানুষ বলতে পারে সঠিক কাজের চেয়ে বেঠিক কাজ করা অনেক সহজ, কারণ কোনও জিনিসের বাস্তবিক প্রকৃতি এবং জীবনের সার বা অর্থ অতি সহজে বোঝা সম্ভব না।

যখন কোনও বাচ্চা প্রথম লিখতে শুরু করে, তখন সে পেনটাকে ভুল ভাবে ধরে আর যা খুশি ভুলভাল লিখে যায়, সেটা তার কাছে খুব সহজ বলে মনে হয়। কিন্তু সঠিক ভাবে পেন ধরে সঠিক অক্ষর লেখাটা তার কাছে কঠিন বলে মনে হয়। একটা শিশু লিখতে জানে না বলেই এমন ঘটনা ঘটে, ক্রমাগত চেষ্টা ও অভ্যাসের দ্বারা সে তার সেই সমস্যা কাটিয়ে ওঠে, সে সঠিক ভাবে পেন ধরে সঠিক অক্ষর লিখতে শিখে যায়, নিজের চেষ্টার দ্বারা। সঠিক ভাবে কোনও কাজ শিখে নেওয়ার পর, কোনও কিছুকেই সমস্যাজনক বলে মনে হয় না। তখন ভুল কাজটাকে কঠিন ও অনাবশ্যক বলে মনে হয়।

মন ও জীবনের গুরুত্বপূর্ণ বিষয় গুলির ক্ষেত্রেও এমনই ঘটনা ঘটে। সঠিক ভাবে চিন্তা করা এবং কোনও কাজ করার ক্ষেত্রে অনেক অভ্যাস করতে হয়, প্রয়োজনে নতুনভাবে চেষ্টা করতে হয়। শেষ পর্যন্ত সেই সময় এসেই যাবে, যখন সঠিক কাজ করাটা অভ্যাসে পরিণত হবে এবং তখন সঠিক চিন্তা ও সঠিক কাজ করাটাকেই সহজ বলে মনে হবে। তখন ভুল কাজটাকে অনাবশ্যক বলে মনে হতে লাগবে।,

যেমন একজন শিল্পী নিজের অভ্যাসের দ্বারা নিপুণ শিল্প গড়ে তুলতে সক্ষম হয়, ঠিক তেমনি ভাবেই আপনি নিজের অভ্যাসের দ্বারা সঠিক কাজে নিপুণ হয়ে উঠতে পারবেন। এখানে বিচারের সাহায্যে নতুন অভ্যাস গড়ে তোলার কথা বলা হচ্ছে। যার কাছে সঠিক বিচার সহজ ও স্বাভাবিক বলে মনে হবে, তার পক্ষে ভুল চিন্তা করা বা ভুল

কাজ করাটা কঠিন হয়ে ওঠে। আসলে সে উচ্চ বিচার দ্বারা শুদ্ধ আধ্যাত্মিক জ্ঞান লাভ করতে সক্ষম হয়।

কিছু পুরুষের কাছে পাপ করা সহজ ও স্বাভাবিক বলে মনে হয়, কারণ তারা একই কাজ বারংবার করতে থাকে, যা তাদের জন্য ক্ষতিকারক হয়ে ওঠে, তাদের অজ্ঞানতাই অভ্যাসে পরিণত হয়ে যায়। কোনও মানুষের মধ্যে যদি চুরি করার অভ্যাস থাকে, তাহলে যখনই সে চুরির করার সুযোগ পাবে, তখনই সে সেই কাজ করবে, নিজেকে সেই কাজের থেকে দূরে রাখা, তার কাছে কঠিন হয়ে দাঁড়ায়। কারণ দীর্ঘ সময় ধরে লোভ ও লালসার মধ্যেই নিজেকে ঘিরে রেখেছিল সে।

যে ব্যক্তি দীর্ঘদিন ধরে সৎ পথে চলেছে, যে দীর্ঘদিন ধরে সততার সাথে জীবন যাপন করে এসেছে, তার কাছে এমন কাজ কঠিন বলে মনে হয় না। তারা মাথায় চুরির কথা কোনও দিনও আসবে না, কোনও ভুল বা মূর্খামি করার চেষ্টা সে কোনও দিন করবে না। চোরদের মধ্যে চুরি করার প্রবৃত্তি চরমে উঠে যায়, কারণ সেটাই হল তার অভ্যাসের শক্তি, সেই শক্তির দ্বারাই সে নিজেকে আরও শক্তিশালী রূপে পরিচালিত করে। কিন্তু আপনি পাপ করুন বা পুণ্য, সব কিছু একই ভাবে আপনার ভেতরে অভ্যাস হিসাবে গড়ে ওঠে।

কোনও মানুষের মধ্যে প্রচুর রাগ দেখা যায়, কেউ আবার খুবই অধৈর্য্য হয়, তাদের কাছে এই ধরনের স্বভাব খুবই স্বাভাবিক ও সহজ বলে মনে হয়। কারণ কথায় কথায় রেগে যাওয়াটা তাদের অভ্যাসে পরিণত হয়, আবার ধৈর্য্যচ্যুতি হওয়াটাও তাদের কাছে সাধারণ বিষয় বলে মনে হয়। জীবনে সে যত বেশি রাগে, বা যত বেশি ধৈর্য্য চ্যুতি ঘটে, ততই বেশি তা তার অভ্যাসে পরিণত হয়।

অপরদিকে নিজেকে শান্ত রাখা বা ধৈর্য্য ধরাটাও অভ্যাসের দ্বারাই গড়ে ওঠে। চেষ্টার দ্বারা ক্রোধী মানুষও নিজেকে শান্ত করতে পারে, ধৈর্য্য ধরতে শিখে যায়। সেই অভ্যাস ধীরে ধীরে তার স্বভাবে পরিণত হয়। তখন রাগ ধৈর্য্যচ্যুতি বলে তার জীবনে আর কিছুই থাকে না। এইভাবে চেষ্টার দ্বারা মনে আসা সমস্ত ভুল বিচার গুলিকে সে বার করে দিতে পারে, অসত্য বা নাশকতামূলক কাজ থেকে নিজেকে দূরে সরিয়ে রাখতে সক্ষম হয়।

Out From The Heart (BANGALI)

৪.
করুন ও শিখুন

একজন মানুষ এটা জানে যে, তার জীবন নিজের মস্তিষ্ক দ্বারা চালিত হয়, নিজেকে গড়ে তুলতে তার মস্তিষ্ক কতটা মূল্যবান তা সে অনুভব করতে পারে। সে জানে অভ্যাসের দ্বারাই মন চালনা করা সম্ভব, ধৈর্যের সাথে সে সেই চেষ্টা চালিয়ে যায়। যতটা সম্ভব সংশোধনের চেষ্টা করে, শেষ পর্যন্ত সে সেই কাজে সফল হয় ও নিজের মনের প্রভু হয়ে ওঠে। তাকে নিয়ন্ত্রণ করার ক্ষমতা প্রাপ্ত করে। একবার এই চাবিকাঠি নিজের হাতে এসে যাওয়ার পর, তার দ্বারা সে নিজের মুক্তির দ্বার উন্মুক্ত করতে পারে।

জীবনের অসুখ থেকে মুক্তি (যা মনের অসুখ ছাড়া আর কিছুই না) পাওয়ার জন্য একটা কথা মাথায় রাখতে হবে, মানুষের মনের ভেতর এই অসুখ খুব সহজেই ফুলে-ফেঁপে ওঠে, বাইরে থেকে সহজে তার ধারণা করা যায় না। মনে নির্মল বিচার আনার জন্য, প্রতিদিন অন্তত এক ঘণ্টা নিজের মনকে নির্মল করে তোলার প্রশিক্ষণ দিতে হবে। এমন পরিস্থিতিতে সঠিক ও নিরপেক্ষ দৃষ্টিকোণ গ্রহণ করাটা খুবই জরুরি, কারণ ভুল বা অসংযত বিচার আসার সম্ভাবনা খুব বেশি দেখা যায়। একজন ধৈর্যবান শিল্পীর মতো, নিজের জীবনকে গড়ে তোলার চেষ্টা করতে হবে। একটা শ্বেত পাথরের টুকরোতে বারংবার ছেনি-হাতুড়ির প্রয়োগ

করে তা একটা সুন্দর মূর্তিতে পরিণত করা যায়, ঠিক সেইভাবে নিজের মনে বারংবার ছেনি-হাতুড়ি মেরে তা সুন্দর মূর্তিতে পরিণত করতে হবে। যতক্ষণ না আপনি নিজেকে নিজের স্বপ্নের মতো, নিজের মনের মতো করে গড়ে তুলতে পারছেন।

আপনি যদি জীবনে সর্বোচ্চ উপলব্ধি প্রাপ্ত করতে চান, তাহলে আপনাকে সেই অনুসারেই কাজ করতে হবে। সবচেয়ে সহজ ও ছোট ধাপ থেকে এই কাজ শুরু করতে হবে, ধীরে ধীরে একের পর এক ধাপ অতিক্রম করে, প্রগতির দিকে এগিয়ে যেতে হয়, তখন কঠিন রাস্তায় নিজের পা বাড়াতে হবে। বিকাশ, প্রগতি, ক্রমাগত বিকাশ এবং নিজেকে উন্নত করার এই নিয়ম, ধীরে ধীরে ক্রমাগত আপনাকে সামনের দিকে নিয়ে যাবে, জীবনের প্রতিটা ক্ষেত্রে আপনি নিরপেক্ষতার সাথে মানুষের মতো উপলব্ধি লাভ করতে সক্ষম হবেন। যেখানে আপনি তা অদেখা করবেন বা এড়িয়ে চলার চেষ্টা করবেন, সেখানে পরিণাম স্বরূপ বিফলতা ছাড়া আর কিছুই আসবে না আপনার হাতে।

শিক্ষা লাভের ক্ষেত্রে, যেকোনও পেশা বা ব্যবসা শেখার ক্ষেত্রে এই নিয়ম গুলি সম্পূর্ণ রূপে পালন করতে হবে। কিন্তু সদ্গুণ প্রাপ্ত করার ক্ষেত্রে, সত্য শেখার জন্য এবং জীবনে সঠিক আচরণ ও জ্ঞান অনুসরণ করার জন্য, প্রায় বেশির ভাগ মানুষই এর অস্বীকার করে, এর অবজ্ঞা করতে দেখা যায়। তাই সদাচার, সত্য এবং সম্পূর্ণ জীবন দর্শন অব্যবহারিক, অপ্রাপ্ত এবং অজ্ঞাতই থেকে যায়।

উচ্চ জীবন দর্শন লাভের জন্য অনেক পড়াশোনা করতে হবে, আধ্যাত্মিক বিষয়ে জানতে হবে, সেই পরিকল্পনা অনুসারে জীবনের পথে এগাতে হবে, এমন ধরনের বিশ্বাস থাকার অর্থ হল, আপনার জানার মধ্যে ত্রুটি আছে। আসল কথা হল উচ্চ জীবন দর্শন আপনাকে আধ্যাত্মিক পথে চালনা করে। উচ্চতর জীবন, উচ্চ জীবন বিচার, শব্দ-বচন, কর্ম

এবং আধ্যাত্মিক সিদ্ধান্তের জ্ঞান, মানুষ ও ব্রহ্মাণ্ডের মধ্যে ছড়িয়ে আছে। সদ্‌গুণ, নির্মল বিচার, দীর্ঘ অনুশাসনের দ্বারা তা প্রাপ্ত করা সম্ভব হয়।

মহান কিছু জানার আগে ছোটর থেকে শুরু করতে হয়, ছোট-ছোট পদক্ষেপ ফেলে এগিয়ে যেতে হবে, সেই গুলিকে গ্রহণ করতে হবে। বাস্তবিক জ্ঞান লাভ করার জন্য অভ্যাস করাটা খুবই জরুরি।

কোনও শিক্ষক যখন তাঁর ছাত্রদের গণিতের কোনও সূত্র শেখানোর চেষ্টা করেন, তখন তিনি কখনই কোনও অমূর্ত সিদ্ধান্ত শেখানোর চেষ্টা করবেন না। কারণ তিনি জানেন পড়ানোর এমন চেষ্টা ব্যর্থ হয়ে যাবে আর কিছুই শেখানো সম্ভব হবে না। প্রথমে তিনি সহজ কিছু প্রশ্ন জিজ্ঞাসা করেন, তা প্রথমে বোঝানোর চেষ্টা করেন, তারপর তা ছাত্রদের করে দেখাতে বলেন। তখন তাদের উপর ছেড়ে দেন, যাতে তারা কিছু করে দেখাতে পারে। প্রথমে ছাত্রদের বারংবার অসফলতার মুখ দেখতে হতে পারে, তারপর যারা ক্রমাগত নতুন ভাবে শেখার চেষ্টা চালিয়ে যায়, তখন তারা তা সঠিক পদ্ধতিতে শিখতে সক্ষম হয়। একবার সঠিক পদ্ধতি আয়ত্ত করার পর, তাকে আগের চেয়ে কঠিন গণিত দেওয়া হয়, সেটা আয়ত্ত করার পর আর একটু কঠিনের দিকে ঠেলে দেওয়া হয়, এইভাবে ধীরে ধীরে কোনও একটা সময় তার কাছে যেটা কঠিন ছিল, সেটা সহজ হয়ে যায়, আর তার ফলে কোনও একটা সময়ে সমস্ত গণিত তার কাছে সহজ থেকে সহজতর হয়ে ওঠে।

কয়েক বছর ধরে কঠিন পরিশ্রম করার পড়েও, গণিতের সমস্ত বিভাগে যে দক্ষ হয়ে উঠবে তার কোনও মানে নেই! আসলে, অঙ্কের ভেতরে যে সিদ্ধান্ত লুকিয়ে থাকে, সেই সিদ্ধান্ত গুলিকে প্রকট করার চেষ্টা চালিয়ে যায় এই বিদ্যার্থীরা।

ব্যবসা শেখার বিষয়েও একই কথা সমান ভাবে প্রযোজ্য। ধরা যাক কোনও এক যুবক মেকানিকের কাজ শিখতে এসেছে। সবার আগে

তাকে যান্ত্রিক সিদ্ধান্ত শেখানো হবে না। সবার আগে তার হাতে কিছু সাধারণ উপকরণ তুলে দেওয়া হবে, তারপর শেখানো হবে কীভাবে তার সঠিক প্রয়োগ করা যায়। তারপর সেই যন্ত্রাংশ গুলিকে তার দায়িত্বে ছেড়ে দেওয়া হবে, যাতে সে ধীরে ধীরে অভ্যাসের মাধ্যমে সেই গুলি চালাতে শিখে যায় ও দক্ষতা অর্জন করতে পারে। যখন সে ওই যন্ত্রপাতি বা উপকরণ গুলি সঠিক ভাবে ব্যবহার করতে শিখে যাবে, তখন তাকে কাজ দেওয়া হবে, যদি সে ওই কাজে নিজেকে প্রমাণ করতে পারে তাহলে তাকে আরও কঠিন কাজ দেওয়া হবে, আর এইভাবে সমস্ত কঠিন কাজও তার কাছে একদিন সহজ হয়ে উঠবে। কয়েক বছরের কঠিন পরিশ্রমের ফলে ওই যন্ত্রপাতি গুলি চালাতে সে দক্ষ হয়ে উঠবে। সে যান্ত্রিক সিদ্ধান্ত অধ্যয়ন করতে ও সেই সিদ্ধান্ত গুলি বোঝার জন্য প্রস্তুত হতে পারবে।

যে পরিবারে সঠিক শিক্ষা আছে, ছোটর থেকে যে বাচ্চা সঠিক শিক্ষা লাভ করে, সে সর্বপ্রথম আজ্ঞাকারী হয়, পরিস্থিতি যেমনই হোক না কেন সে সঠিক আচরণ করতে পারে, সে জানে যে তার গুরুজনদের কথানুসারে চলতে হয়, সেই হিসাবেই ব্যবহার করতে হয়। এমনটা কেন করতে হবে, তা কোনও দিন কোনও বাচ্চাকে বলা হয় না, শুধু তাকে সেই অনুসারে চলার আজ্ঞা দেওয়া হয়। সঠিক ও বেঠিক কাজের মধ্যে দিয়েই তার জীবনের গতি চলতে থাকে, এই দোলাচলতার মধ্যে দিয়ে অনেকটা পথ অতিক্রম করার পর সে সফলতা অর্জন করে, তারপর তাকে বুঝিয়ে দেওয়া হয়, কেন তার কোন কাজটা করা উচিত, আর কোন কাজটা করা উচিত না। এমন অনেক বাবা আছেন, যিনি সবার আগে তার সন্তানকে পারিবারিক কর্তব্য পালন করতে শেখান, সামাজিক সদ্গুণের অভ্যাস করতে শেখান, তিনি কখনই শুরুতেই তাকে নৈতিকতার পাঠ পরাতে জান না।

এই পৃথিবীর সাধারণ বস্তু গুলি সম্পর্কে জ্ঞান হওয়ার আগেই, এই ধরণের অভ্যাস সে রপ্ত করতে শুরু করে। এমন উচ্চতর জীবন যাপন করা, আধ্যাত্মিক পথ অনুসরণ করে চলা, অত্যন্ত কঠোর বলে মনে হতে পারে।

কর্মের দ্বারাই সদ্গুণ রপ্ত করা যায়, সদ্গুণের অভ্যাস দ্বারাই সত্য জ্ঞান প্রাপ্ত করা সম্ভব, সদ্গুণের অভ্যাসই আপনাকে পূর্ণতা প্রদানে সাহায্য করে। সদ্গুণের অভ্যাস ও তা প্রাপ্তির মধ্যে সত্য ও জ্ঞানের পূর্ণ রূপ প্রাপ্ত করা সম্ভব হয়।

প্রতিদিন, প্রতি ঘণ্টা সদ্গুণের অভ্যাস ও শিক্ষা দ্বারা আপনি প্রকৃত সত্য আয়ত্ত করতে পারবেন। সব থেকে সহজ দিয়ে শুরু করে, ধীরে ধীরে কঠিনের দিকে এগাতে থাকলে, তবেই সেই চরম সীমায় পৌঁছানো সম্ভব হয়। একটা বাচ্চা ধৈর্যের সাথে স্কুলে বসে, একজন আজ্ঞাকারী ছাত্রের মতো, নিজের পাঠ্য বিষয় গুলি শেখে এবং ক্রমাগত অভ্যাস চালিয়ে যায়। এইভাবেই ধীরে ধীরে কঠিন বিষয়ও তার কাছে সহজ হয়ে ওঠে, সে অসফলতার থেকে সফলতার পথে এগিয়ে যায়। এইভাবে একজন বাচ্চাকে সমস্ত কঠিন কাজ সহজ করে তুলতে হবে, অসফলতাকে ভয় না পেয়ে তা জয় করতে শিখতে হবে, তবেই সে প্রকৃত সত্যের সন্ধান পাবে, কর্মের দ্বারা নিজের জীবনকে পরিচালনা করতে পারবে। যখন সে সদ্গুণ প্রাপ্ত করতে সফল হবে, তখনই তার ভেতরে সত্য জ্ঞান প্রকটিত হয়ে উঠবে। এটা এমন এক জ্ঞান, যার ছত্রছায়ায় সে নিজেকে সুরক্ষিত রাখতে পারে।

❖

৫.
উচ্চ জীবনের জন্য প্রারম্ভিক পদক্ষেপ

একটা বিষয় নিশ্চয়ই বোঝা গিয়েছে যে, **সদ্‌গুণের পথই হল জ্ঞানের পথ।** সত্যের সর্বব্যাপী সিদ্ধান্ত গুলি জানার আগে, নিম্নে যে বিষয় গুলির উত্থাপন করা হল, সেই গুলি জানা ভীষণ ভাবে জরুরি। তাহলে কোনও ব্যক্তি কোথা থেকে সত্যকে জানার চেষ্টা করবে?

কোনও ব্যক্তি কীভাবে নিজের মনকে ঠিক করে, নিজের হৃদয়কে শুদ্ধ করার কামনা করতে পারে, হৃদয়ই জীবনের সমস্ত স্রোতের মুখ্য জীবন ভাণ্ডার, তা সদ্‌গুণের শিক্ষাকে কীভাবে প্রাপ্ত করবে? নিজের জীবনে জ্ঞানের আলো জ্বালিয়ে কীভাবে সে অজ্ঞানতাকে দূর করতে পারবে? জীবনের সমস্ত খারাপকে ধ্বংস করে কীভাবে সে নিজেকে বিকশিত করে তুলবে? প্রথম শিক্ষা কী? তার জন্য কোন পদক্ষেপ নিতে হবে? কীভাবে তা শেখানো যেতে পারে? কীভাবে তার অভ্যাস করা যেতে পারে? কীভাবে এতে দক্ষ হয়ে ওঠা যায়, তা বুঝবে কীভাবে?

প্রথম শিক্ষা মানসিকতা ভুল হলে, সবার আগে সেটাকে নিয়ন্ত্রণ করতে শিখতে হবে। খুব সহজেই সেটাকে নিয়ন্ত্রণ করা যায়। আধ্যাত্মিক প্রগতি যেকোনও সাধারণ বাধা অতিক্রম করতে সাহায্য করে, সেই সাথে পরিবার ও সমাজের বিষয়েও যত্নশীল হয়ে উঠতে হবে। আমি

যদি এই শিক্ষার বিষয় গুলি কয়েকটি ভাগে ভাগ করে, কয়েকটি শ্রেণীকরণ করে দিই, তাহলে হয়তো আপনাদের বুঝতে অনেক সুবিধা হবে শরারীক ত্রুটি গুলিকে নিয়ন্ত্রণ করার জন্য এবং নিজেকে উন্মুক্ত করার জন্য—

(প্রথম শিক্ষা   শরীরের অনুশাসন)

প্রথম পদক্ষেপ   আলস্য, অকর্মণ্য ও ঢিলামি

দ্বিতীয় পদক্ষেপ   আত্ম-সর্বস্ব ও লালসা

(দ্বিতীয় শিক্ষা   জিভের উপর লাগাম)

তৃতীয় পদক্ষেপ   অপশব্দ এবং সমালোচনা

চতুর্থ পদক্ষেপ   গল্প গুজব ও অনর্থক কথা বলা

পঞ্চম পদক্ষেপ   অপমানজনক ও দয়াহীন বাক্য ও শব্দ

ষষ্ঠ পদক্ষেপ   তুচ্ছ ও অপ্রাসঙ্গিক বার্তা

(তৃতীয় শিক্ষা   প্রবৃত্তির অনুশাসন)

অষ্টম পদক্ষেপ   কর্তব্য করা ও নিঃস্বার্থ প্রদর্শন

নবম পদক্ষেপ   অটল সত্যনিষ্ঠা ও নৈতিক সত্যনিষ্ঠা

দশম পদক্ষেপ   অসীমিত ক্ষমা

শরীরের দুটি সমস্যা, আর জিভের পাঁচটা, কারণ সমস্ত সমস্যা প্রকট হয় শরীর ও জিভ থেকে। যেভাবে সম্পূর্ণ বিষয়টা বোঝানোর জন্য শ্রেণীকরণ করা হয়েছে, আশা করা হচ্ছে পাঠকদের বুঝতে নিশ্চয়ই

সুবিধা হবে। তবে একটা বিষয় সহজেই বুঝতে হবে, আর সেটা হল, সমস্ত রকম দোষ প্রধানত উৎপন্ন হয় মনে। মনে যদি ভুল কিছুর জন্ম হয়, তবে তা শরীর ও জিভের মধ্যে দিয়ে প্রকাশিত হওয়ার চেষ্টা করে। মনের পরিস্থিতি যদি ঠিক না হয়, তাহলে শরীর ও জিভ সেই অনুসারেই কাজ করতে শুরু করে।

এমন অরাজক পরিস্থিতি যে বিষয় গুলির দিকে সংকেত করে, তার থেকে বোঝা যায়, জীবনের বাস্তব উদ্দেশ্য সম্পর্কে মন সম্পূর্ণ রূপে অনভিজ্ঞ। এই অভিজ্ঞতা সঞ্চয় করার পরেই সে একটা সদাচারী, দৃঢ় এবং প্রসন্নচিত্ত জীবন শুরু করতে সক্ষম হয়।

কিন্তু এই দোষগুলিকে কীভাবে দূর করা যায়, বা তার থেকে রেহাই পাওয়া যায়? সবার আগে, তার বাহ্যিক অভিব্যক্তিগুলি ভালো করে দেখে নিয়ে তা নিয়ন্ত্রণ করতে হবে, ভুল কাজ গুলিকে চাপা দেওয়ার চেষ্টা করতে হবে। যতক্ষণ না মন নিজের অন্ধকার, ভুল ও ভ্রমাত্মক স্থিতি গুলি সম্পর্কে বুঝতে পারছে, ততক্ষণ পর্যন্ত সে মনকে এই বিষয় গুলি নিয়ে চিন্তা করার জন্য প্রেরণা দিতে থাকবে। যার থেকে এই বিষয় গুলির জন্ম হচ্ছে, সেই পরিস্থিতি গুলি বোঝানোর চেষ্টা করে। সঠিক পরিস্থিতি বোঝাতে পারলে মন সম্পূর্ণ রূপে তাকে ত্যাগ করে চলে যাবে।

মনকে অনুশাসিত করার জন্য সবার আগে অলসতা ও নিষ্ক্রিয়তার উপর নিয়ন্ত্রণ পেতে হবে। এটাই সবচেয়ে সহজ পথ, আর যতক্ষণ না এই বিষয় গুলিকে সম্পূর্ণ রূপে নিয়ন্ত্রণ করা যাচ্ছে, ততক্ষণ পর্যন্ত আর কোনও পদক্ষেপ নেওয়া উচিত হবে না। সত্যের পথে চলার জন্য অলসতা ত্যাগ করতেই হবে। যে মানুষ অলস, সে শরীরকে প্রয়োজনের তুলনায় বেশি আরাম প্রদানের চেষ্টা করে, তার কাছে ঘুম অপরিহার্য হয়ে ওঠে।

যার ফলে কোনও কাজ করতে ইচ্ছা না করা, বিলম্ব করা এবং তৎকাল ধ্যান না দেওয়ার মতো বিষয় গুলি দেখা যায়।

ভোরবেলা শীঘ্র ঘুম থেকে উঠে, আপনি নিজের মধ্যে এই অলসতা থাকলে, তা দূর করার চেষ্টা করতে পারেন। তবে শরীরকে সুস্থ রাখার জন্য, সম্পূর্ণ ঘুমটাও খুবই জরুরি। আপনার কাজ বা কর্তব্য, তা যতই ছোট হোক না কেন, তা তৎপরতা ও দৃঢ়তার সাথে করার চেষ্টা করুন, তাতে করে অলসতা দূর করা সম্ভব হবে।

কোনও অবস্থাতেই বিছানায় বসে খাবার খাওয়া উচিত না। ঘুম ভেঙে যাওয়ার পরেও বিছানায় শুয়ে থাকা, আরাম করে শুয়ে থাকা, সময় অপচয় করা ছাড়া আর কিছুই না। চরিত্রের মধ্যে দৃঢ়তা এবং মনের পবিত্রতা থাকাটা খুবই জরুরি। এমন পরিস্থিতিতে কিছু চিন্তা করাও উচিত না। এমন পরিস্থিতিতে দৃঢ়, শুদ্ধ এবং সত্য চিন্তা করাটা অসম্ভব। যেকোনও মানুষের শোয়ার জন্য বিছানায় যাওয়া উচিত, কোনও কিছু নিয়ে ভাবার বা চিন্তা করার জন্য নয়। যেকোনও বিষয় নিয়ে চিন্তা করার জন্য আপনাকে উঠতে হবে, শুয়ে থাকলে চলবে না।

নিজের লালসা ও আত্ম-গ্লানি-কে নিয়ন্ত্রণ করাই হল আপনার পরবর্তী পদক্ষেপ। যে ব্যক্তি নিজের খিদেকে নিবৃত্ত করার পরেও, মন থেকে খাওয়ার লালসা ত্যাগ করতে পারে না, তাকে পেটুক বলা যায়। সে নিজের শরীরের প্রয়োজনের তুলনায় বেশি খায়, সে মিষ্টি বা ভালো-মন্দ খাবার খেতে খুবই পছন্দ করে। খাবারের পরিমাণ কম করে, প্রতিদিন আপনি যা খান তার চেয়ে কম খাওয়ার চেষ্টা করে, মিষ্টি বা তৈলাক্ত জাতীয় খাদ্য খাওয়ার পরিবর্তে শরীরের জন্য উপকারী খাবার খেয়ে, নিজেকে অনুশাসনের মধ্যে চালনা করতে পারেন। খাওয়ার জন্য একটা নির্দিষ্ট সময় থাকা খুবই জরুরি, সেই সময় ছাড়া অন্য কোনও সময়ে

খাবার খাবেন না। রাতে খাবার খাবেন না, কারণ এটা সম্পূর্ণ রূপে অনাবশ্যক। তার ফলে ঘুম আরও বেশি আসে এবং মনের বাদল বাড়তে থাকে।

এইভাবে অনুশাসনের মধ্যে চলতে থাকলে, আপনি শীঘ্র নিজের খিদেকে নিয়ন্ত্রণে আনতে পারবেন। আপনি নিজের ইন্দ্রিয়ের লালসাকে ত্যাগ করতে পারবেন। আপনি যদি সঠিক খাদ্য খান, তাহলে অতি সহজেই আপনি নিজের মানসিক পরিস্থিতিকে অনুকূল করে তুলতে পারেবেন।

মনকে বদলানো খুবই জরুরি, এই বিষয়টা মাথায় রাখতে হবে। যদি আপনার খাদ্য আপনাকে সেই কাজ করতে সাহায্য না করে, তাহলে এমন খাদ্য খেয়ে লাভ কি? যখন কোনও ব্যক্তি শুধুমাত্র ভোগের কথা মাথায় রেখে খাবার খায়, তখন সে পেটুক হয়ে ওঠে। নিজের মনকে এমন ধরনের ইন্দ্রিয় বাসনার থেকে শুদ্ধ করতে হবে, লালসা দূর করতে হবে।

যখন শরীর সঠিকভাবে নিয়ন্ত্রিত এবং দৃঢ়তার দ্বারা নির্দেশিত হয়, তখন যে কাজই করা হোক না কেন, তা জোশের দ্বারা করা সম্ভব হয়। সেই সময় কোনও কাজ বা কর্তব্য এড়িয়ে চলা সম্ভব হয় না। যখন সকালে শীঘ্র ঘুম থেকে ওঠা আনন্দের কারণ হয়ে ওঠে, তখন মিতব্যয়িতা, সরলতা ও সংযম দৃঢ়তার সাথে ফিরে পাওয়া সম্ভব হয়। যখন কেউ সামনে রাখা খাবার দেখে সন্তুষ্ট হয়, তা যতই কম হোক না কেন, তখনই তার ভেতর থেকে সুস্বাদু খাদ্য গ্রহণের লালসা চলে যায়। এইভাবে উচ্চ জীবন লাভের দুটি পদক্ষেপ সম্পূর্ণ হয়। বুঝে যাবেন যে, আপনি সত্য অনুধাবনের প্রথম দুটি পদক্ষেপ শিখে নিতে পেরেছেন। এইভাবে হৃদয়ে ভারসাম্য যুক্ত, স্বশাসিত এবং সদাচারী জীবন স্থাপন করা যায়।

পরবর্তী শিক্ষার বিষয় হল, নিজের জিভে লাগাম দেওয়া, অর্থাৎ বুঝে বাক্য ব্যয় করা, এর পাঁচটি ক্রমবর্ধমান ধাপ আছে -

সবার আগে আপনাকে অপশব্দ প্রয়োগের বিষয়টিকে নিয়ন্ত্রণ করতে হবে। কাউর সম্পর্কে নিজের মন গড়ন কথা বলে তাকে বদনাম করার চেষ্টা করা, যে বন্ধু আপনার সম্মুখে নেই তার দোষ গুলিকে তুলে ধরা, তার অযোগ্যতাকে অন্যের সামনে বলা, অন্যের সম্পর্কে খারাপ কথা বলা, এই সব গুলিই এর মধ্যে পড়ে। বিচারহীনতা, ক্রূরতা, জেদ ও অসত্যতা, এমন প্রতিটি নিন্দনীয় কার্য এর মধ্যে অন্তর্ভুক্ত।

যে ব্যক্তি সঠিক ভাবে জীবন যাপন করতে চায়, সে নিজের মুখ থেকে কোনও একটা শব্দ নির্গত করার আগে দশবার ভেবে নেয়। তারপর তার মনে যদি কোনও প্রকার কপট বিচার আসে তাহলে সে তা দূর করার চেষ্টা করে, যার দ্বারা এমন বিচারের জন্ম হয়।

যাতে ভবিষ্যতে তার দ্বারা কোনও ব্যক্তির নিন্দা বা বদনাম না হয়, সেই বিষয়ে সে যথেষ্ট সচেতন থাকে। সে সর্বদা অপমান জনক শব্দ থেকে নিজেকে দূরে রাখে, কাউর বদনাম করেনা, কোনও অনুপস্থিত বন্ধু সম্পর্কে নিন্দা করে না, সম্প্রতি যে বন্ধুর সাথে দেখা হয়েছে, কথা হয়েছে, যার হাত ধরে সে গল্প করেছে, এমন কোনও মানুষ সম্পর্কে একটাও বাজে কথা বলে না। যে কথা সে নিজের সম্পর্কে বলতে দ্বিধা বোধ করে, সেই কথা সে অন্যের সম্পর্কেও বলতে পারে না। সে অন্যের চরিত্র ও প্রতিষ্ঠা সম্পর্কে মনে পবিত্র বিচারের জন্ম দেয়, মনের সেই পরিস্থিতি ধ্বংস করে দেওয়ার চেষ্টা করে, যার থেকে নিন্দার জন্ম হয়।

পরবর্তী পদক্ষেপ হল, গল্প করে বা বাজে কথা বলে নিজের সময় নষ্ট করা। বাজে কথা, কাউর ব্যক্তিগত জীবন নিয়ে কথা বলা, শুধুমাত্র সময় অতিবাহিত করার জন্য কথা বলা, লক্ষ্যহীন অপ্রাসঙ্গিক বিষয়ে

কথা বলা, প্রভৃতি বিষয় গুলির দিকে নজর দেওয়াটা খুবই জরুরি। আপনার যদি নিজের মস্তিষ্কের উপর নিয়ন্ত্রণ না থাকে, তাহলে আপনি নিজের কথার উপরেও নিয়ন্ত্রণ হারিয়ে ফেলবেন।

সদাচারী ব্যক্তি নিজের বাণী-র উপর নিয়ন্ত্রণ রাখতে জানে, আর এই বিষয়ে মনকে কীভাবে নিয়ন্ত্রণ করা যায়, সে সেটাও জানে। সে নিজের জিভকে মূর্খতা বা মূঢ়তার সাথে চলতে দেয় না, পরিবর্তে দৃঢ়তার সাথে নিজের বাণীকে পবিত্র করে তোলার চেষ্টা করে। এক্ষেত্রে সে উদ্দেশ্যপূর্ণ কথা বলে, বা চুপ করে থাকে।

যে কথা অন্য কাউকে আঘাত করতে পারে, অপমান করতে পারে, সেই ধরণের কথাগুলিকে জীবন থেকে সরিয়ে ফেলা তার পরবর্তী পদক্ষেপ হয়ে ওঠে। যে ব্যক্তি অন্যকে গালাগালি করে, দোষারোপ করে, সে নিজেই জানে না, সে কোন পথে চলছে। অন্যের বিষয়ে কঠোর শব্দের ব্যবহার করা, কাউর নাম জরিয়ে বদনাম করা, মূর্খামি ছাড়া আর কিছুই না। যখন কোনও ব্যক্তি অন্যকে গালাগালি করে, তাকে অভিশাপ দেয় বা তার নামে নিন্দা করে, তখন তার নিজের জিভের প্রতি নিয়ন্ত্রণ করতে জানতে হবে, নিজের ভেতরে তাকাতে হবে। যে সদাচারী হয় সে কখনই ঝগড়া করে না, বরং অপশব্দ ও ঝগড়ার থেকে সে নিজেকে অনেকটা দূরে রাখে। সে শুধুমাত্র সেই শব্দের প্রয়োগ করে, যা উপযোগী, আবশ্যক, শুদ্ধ ও সত্য।

ষষ্ঠ পদক্ষেপ হল, তুচ্ছ ও অপ্রাসঙ্গিক কথা গুলির উপর নিয়ন্ত্রণ রাখা। হাল্কা ও তুচ্ছ কথা বলা, বারংবার উপহাস করা, অশ্লীল গল্প করা, যার উদ্দেশ্য শুধুমাত্র হাসানো ছাড়া আর কিছুই না, অশ্লীল অন্তরঙ্গতা এবং অন্যদের সাথে কথা বলার সময় তিরস্কারপূর্ণ বা অপমানজনক শব্দের প্রয়োগ, বিশেষ করে নিজের গুরুজন, শিক্ষক বা সম্মানজনক কোনও

ব্যক্তি সম্পর্কে এমন ধরনের আচরণ, আপনার সদাচারকে নষ্ট করে এবং আপনাকে সত্যের থেকে ক্রমশ দূরে সরিয়ে দেয়।

অনুপস্থিত বন্ধু বা সাথীদের সম্পর্কে কোনও অপ্রীতিকর মন্তব্য করে তাকে হাসির খোরাক করে তোলা, তার জীবনের সমস্ত পবিত্রতাকে ধ্বংস করে দিতে পারে, সে শুধুমাত্র উপহাসের পাত্রে পরিণত হয়, অন্যকে যদি সম্মান করা সম্ভব না হয়, তাহলে সত্যের কদর কমে যায়, যার ফলে তা সেই ব্যক্তিকে ত্যাগ করতেও দ্বিধা বোধ করেনা। যখন বাণী, ব্যবহার, গরিমা নিজের গুরুত্ব হারিয়ে ফেলে তখন সত্য নিজের থেকেই অবলুপ্ত হয়ে যায়। তার প্রবেশ দ্বার ধীরে ধীরে বন্ধ হয়ে যায়, শেষ পর্যন্ত সে পথ ভুলে যায়।

কোনও যুবককে অনাদর করা অপমানজনক, কিন্তু যদি তা সেই যুবকের ভালোর জন্য করা হয়, যদি তা তাকে সংশোধনের জন্য করা হয়, তাহলে তা তার জন্য অবশ্যই ভালো, এর বিপরীত ক্ষেত্রে তা তার জন্য উপহাসের কারণ হয়ে উঠতে পারে। কিন্তু যদি তার অনুকরণ করা হয়, তাহলে বুঝতে হবে এক অন্ধ আর এক অন্ধকে নেতৃত্ব দেওয়ার চেষ্টা করছে। তখন বুঝতে হবে, যে পথ দেখানোর কাজ করছে, সে নিজেই পথ ভুলে গিয়েছে।

গুণীজনেরা নিজেদের বাণী ও সততার জন্য শ্রদ্ধেয় হয়ে ওঠেন। কোনও ব্যক্ত সামনে দাঁড়িয়ে থাকলে সে যেমন ভাবে ভেবে চিন্তে তার সম্পর্কে কথা বলে, সামনে না থাকা কোনও ব্যক্তি সম্পর্কেও সে একইভাবে কথা বলে থাকে। এমনকী কোনও মৃত ব্যক্তি সম্পর্কেও সে একইভাবে সম্মানের সাথে কথা বলে। ক্ষণিক আবেগের বশে সে কখনই নিজের গরিমা হারাতে চায় না, নিজেকে সন্তুষ্ট করার থেকে বঞ্চিত করে না। তার হাসির মধ্যে থাকবে বিশুদ্ধতা, শিশুর মতো কমলতা। তার

কণ্ঠস্বরে থাকবে এক ধরনের মাদকতা ও সঙ্গীতময়তা। তার আত্মা অনুগ্রহ ও মধুরতায় ভরে যেতে পারে, কারণ সে নিজেকে সঞ্চালিত করতে জানে, আর সে প্রকৃত মানুষ হয়ে ওঠার ক্ষমতা রাখে।

দ্বিতীয় শিক্ষার শেষ ভাগ হল, সমালোচনার থেকে নিজেকে দূরে রাখা, ত্রুটিপূর্ণ বাণী গুলির উপর নিয়ন্ত্রণ রাখা। এই দোষের কারণে অনেক সময় অনেক ছোট কোনও ঘটনাকেও অনেক বড় করে দেখানোর চেষ্টা কার হয়, মূঢ় ও মিথ্যার দ্বারা কোনও বিষয়কে অনেক বেশি ফুলিয়ে ফাঁপিয়ে বলা হয়। নিরাধার অনুমান, শুধুমাত্র নিজের মনের বিশ্বাস ও বিচারের ভিত্তিতে কোনও বিষয় নিয়ে তর্ক করাও এরই মধ্যে পড়ে।

জীবন খুবই ছোট ও বাস্তবিক। বিরোধীতা করে জীবনের পাপ, দুঃখ ও যন্ত্রণা দূর করা সম্ভব না। যে ব্যক্তি সর্বদা অন্যের ভুল ধরার জন্য সচেতন থাকে, অন্যের কথা খণ্ডন করে যে বিবাদের সূত্রপাত করতে চায়, সে আত্ম-সমর্পণ করতে জানে না, জীবনের প্রকৃত সত্য উপলব্ধি করার ক্ষমতা তার ভেতরে নেই। নিজের কথা গুলিকে শুদ্ধ ও নরম করার জন্য, তা পরীক্ষা করে দেখার জন্য, যে ব্যক্তি সর্বদা সচেতন থাকে, সেই উচ্চতর মার্গ বা প্রকৃত জীবন লাভ করতে সক্ষম হয়। সে নিজের উর্জা সংরক্ষিত করতে জানে, নিজের মনের শান্তি কীভাবে বজায় রাখতে হয় তা সে জানে, আর নিজের ভেতরে সত্যের ভাবনাকে জাগ্রত করার ক্ষমতা তার থাকে।

যখন জিভ নিয়ন্ত্রণে রাখা সম্ভব হয়, বুদ্ধির সাথে তার প্রয়োগ করা হয়, যখন স্বার্থপরতা ও অযোগ্য বিচার জিভকে বেশি কথা বলার সুযোগ দেয় না, যখন মুখের কথা শুদ্ধ, সৌম্য, শালীন ও উদ্দেশ্যপূর্ণ হয়, যখন তার দ্বারা আর কোনও ক্ষতি হয় না, তখন মুখ থেকে উচ্চারিত সমস্ত শব্দের মধ্যে সততা ও দায়িত্ব বোধের ঝলক দেখা যায়। তখনই

আপনার জিভে লাগাম লাগানোর পাঁচটা পদক্ষেপ সম্পূর্ণ হয়, তখন সত্যের দ্বিতীয় মহান শিক্ষা লাভ করা যায় এবং তাতে দক্ষতা লাভ করা সম্ভব হয়।

এখন কিছু মানুষের মধ্যে প্রশ্ন আসতেই পারে, ''শরীরকে অনুশাসনের মধ্যে রাখা বা কথাকে সংযত করার দরকারটা কী? এমন কঠিন শ্রম, ক্রমাগত চেষ্টা ও সচেতনতা ছাড়া কি উচ্চ জীবন দর্শন লাভ করা যেতে পারে না? না, তা কখনই না? আধ্যাত্মিকতার ক্ষেত্রেও পরিশ্রম ছাড়া নিজের জীবনকে কিছুতেই নিয়ন্ত্রণে আনা সম্ভব না। যতক্ষণ না নিম্নস্তর পূরণ হচ্ছে, ততক্ষণ পর্যন্ত উপরে উঠবেন কীভাবে?

কোনও ব্যক্তি যতক্ষণ না প্রয়োজনীয় যন্ত্রপাতি চালাতে পাচ্ছে, যতক্ষণ না সে কীভাবে একটা পেরেক পোঁতা যায়, তা শিখতে পাচ্ছে, ততক্ষণ পর্যন্ত সে কীভাবে একটা টেবিল বানাতে পারবে? কোনও মানুষ নিজের মনের দাসত্ব থেকে মুক্তি লাভ করতে পারে, কিন্তু তার জন্য তাকে নিজের মনকে সত্যের অনুরূপে ঢালতে হবে।

বর্ণমালা না শেখা পর্যন্ত যেমন কোনও সরল শব্দ গঠন করা যায় না, যেমন কোনও শব্দ বোঝা বা পড়া সম্ভব হয়না, ঠিক সেই রকম ভাবেই নিজের মনকে শুদ্ধ করতে না পারলে কিছুতেই সঠিক আচরণের বর্ণমালা শেখা সম্ভব না।

পরিশ্রমের কথা উঠলে বলতে হয়, কোনও যুবক শিল্পের জগতে দক্ষতা অর্জনের জন্য খুশি মনে, ধৈর্যের সাথে সাত বছর নিজেকে সমর্পণ করে রাখে না কি? সে কি প্রতিদিন সাবধানতা ও সততার সাথে নিজের গুরুর আদেশ পালন করে তার কথানুসারে চলার চেষ্টা করে না? গুরুর আদেশ পালন করে, তাঁর আজ্ঞা গুলিকে নিজের অভ্যাস করে তুলে, দক্ষতা অর্জন করাই তার প্রধান উদ্দেশ্য হয়ে ওঠে।

সঙ্গীত, চিত্রকলা, সাহিত্য, কোনও ব্যবসা বা বাণিজ্য, বা যেকোনও জীবিকার ক্ষেত্রে যে ব্যক্তি সর্বোৎকৃষ্ট হয়ে ওঠার লক্ষ্য রাখে, সে যদি নিজেকে সম্পূর্ণ রূপে সমর্পিত করতে রাজি না থাকে, তাহলে সে তার লক্ষ্য পূরণ করবে কীভাবে? পরিশ্রম করলে, তবেই সর্বোৎকৃষ্ট হয়ে ওঠার আশা রাখা যায়। সত্যি কি একেই উৎকৃষ্টতা বলা যায়?

যে বলে, ''আপনি যে পথে চলতে বলছেন, তা অত্যন্ত কঠিন, আমি পরিশ্রম ছাড়াই সত্য উপলব্ধি করতে চাই, চেষ্টা ছাড়াই মোক্ষ লাভ করতে চাই,'' সেই ব্যক্তি স্বার্থ ও কষ্টের জালে জরিয়ে পড়ে, এবং তার থেকে নির্গত হওয়ার রাস্তা সে খুঁজে পায় না। সে কখনই শান্ত, দৃঢ় মনের অধিকারী হতে পারবে না, বুদ্ধির সাথে নিজের জীবন চালাতে ব্যর্থ হবে। সহজ ভাবে আনন্দ লাভই তার জীবনের উদ্দেশ্য, সত্য লাভ করা নয়।

যে নিজের অন্তরে সত্যের পূজো করে, আর তা অনুভব করার চেষ্টা করে, তার কাছে এটা কোনও সমস্যাজনক কাজ নয়, বরং সে খুশি মনে তা গ্রহণ করে ও ধৈর্যপূর্বক তা পালন করতে চায়। অভ্যাসের দ্বারা সে সত্য জ্ঞান লাভ করতে সক্ষম হয়।

শরীর ও জিভকে কেন অনুশাসনের মধ্যে রাখা উচিত, সেই বিষয়টা আরও স্পষ্ট করে জানা সম্ভব। বাহ্যিক জগতে যা কিছু খারাপ দেখা যায়, তার উৎস স্থল হল আমাদের অন্তর, অর্থাৎ আমাদের মনে যা জন্মায় তারাই প্রকাশ ঘটে বাহ্যিক জগতে। অকর্মণ্য শরীরের অর্থ হল অকর্মণ্য মন, একটা অনিয়ন্ত্রিত জিভ একটা অনিয়ন্ত্রিত মনকে প্রকট করে। বাহ্যিক স্থিতিকে ঠিক করার অর্থ হল, আন্তরিক স্থিতিকে সংশোধন করা।

এছাড়া, এই পরিস্থিতি গুলি নিয়ন্ত্রণ করার অর্থ হল, ওই প্রক্রিয়ার একটা ছোট অংশ হয়ে ওঠা। খারাপ থেকে দূরে থাকার অর্থ হল ভালোর দিকে অগ্রসর হওয়া। ভালো ও খারাপ একে অপরের সাথে অঙ্গাঙ্গি ভাবে

যুক্ত থাকে। কোনও মানুষ যখন অলসতা ও আত্ম-তুষ্টিকে নিয়ন্ত্রণ করতে পারে তখন সে এমন একটা ভারসাম্য যুক্ত জীবনের অধিকারী হয়, যেখানে সংযম ও আত্মত্যাগের গুণ বিকশিত হওয়া সম্ভব। ফল স্বরূপ মানুষ কোনও একটা উদ্দেশ্য পূরণের বিষয়ে নিজেকে স্থির রাখতে পারে, মনকে অনেক বেশী সূক্ষ্ম ও নিয়মিত পথে চালনা করতে পারে।

অন্যদিকে সে যখন ভালো কিছু করে, তখন তার জ্ঞান গভীর হয়ে ওঠে এবং অন্তদৃষ্টি অনেক বেশি প্রখর হয়ে যায়। বিদ্যালয়ে বিভিন্ন কার্য করার মাধ্যমে ছাত্রেরা যেমন দক্ষতা অর্জন করে, তারা তার জন্য আনন্দ লাভ করে, ঠিক তেমনি জয় লাভ করার পর পূণ্যাত্মা ব্যক্তিও এমন এক আনন্দ অনুভব করে, যা কোনও সাধক কোনও দিন উপভোগ করতে পারবে না।

এখন উচ্চ জীবন লাভের জন্য যে তৃতীয় শিক্ষা লাভ অনিবার্য, সেই বিষয়ে আলোচনা করা হবে, সেটা হল দৈনন্দিন অভ্যাসের মাধ্যমে নিজেকে দক্ষ করে তোলা। ওই তৃতীয় মৌলিক গুণ হল—

১. নিঃস্বার্থ ভাবে কর্তব্য করা

২. অটল সত্যনিষ্ঠা (নৈতিক সত্যনিষ্ঠা)

৩. অসীমিত ক্ষমা

পরিস্থিতি যদি সঠিক না হয়, তাহলে মনকে নিয়ন্ত্রণ করাটা খুবই জরুরি, প্রথম দুটি গুণের মাধ্যমে তা করা সম্ভব। সদ্‌গুণ ও সত্য প্রাপ্তির জন্য, বা অনেক বড় কোনও কঠিন কাজ করার জন্য হৃদয়ের উদ্দেশ্য গুলি নিয়ন্ত্রণ করাটা খুবই জরুরি, এই নিয়ন্ত্রণের মাধ্যমেই মন শুদ্ধ ও তৎপর হয়ে উঠবে।

কর্তব্যের সঠিক প্রদর্শন ছাড়া, উচ্চ গুণ গুলিকে কিছুতেই জানা সম্ভব না, আর সত্য প্রাপ্তির বিষয়টাও অধরা মাধুরী হয়েই থেকে যায়। কর্তব্য

হল এক অনিবার্য বিষয়, যা প্রাপ্ত করার জন্য কঠিন পরিশ্রম অনিবার্য। যে পরিশ্রমকে কখনই এড়িয়ে চলা সম্ভব না। কর্তব্য পালনের বিষয়ে যদি মনে কোনও রকম স্বার্থ থেকে যায়, তাহলে তা মানুষকে ভুল পথে চালনা করে। যেকোনও কর্তব্যকে পবিত্র হিসাবে দেখা উচিত, সততার সাথে নিঃস্বার্থ ভাবে সেই কাজ করা উচিত। ব্যক্তিগত স্বার্থ জরিয়ে আছে, এমন বিচারকে মন থেকে বার করে দেওয়া উচিত। কর্তব্য পালনের সাথে যখন কোনও স্বার্থপরতার যোগ থাকেনা তখন তা সঠিক কর্তব্য পালন হয়ে ওঠে। যে ব্যক্তি নিজের স্বার্থের কথা ভেবে কাজ করে, নিজের লোভ ও লালসাকে প্রাধান্য দেয়, তা তার জন্য খুবই দুঃখজনক হয়ে যায়। কোনও একটা সময়ের পর সে অবশ্যই উপলব্ধি করতে পারে যে, এই কাজ তাকে ক্লান্ত তো করে তুলছেই, বরং সেই সাথে স্বার্থপর চিন্তা-ভাবনা গুলিকে আরও এগিয়ে নিয়ে যাচ্ছে।

যে ব্যক্তি কর্তব্যের উপেক্ষা করে, তা ছোট হোক বা বড়, যে ব্যক্তিগত বা সার্বজনিক কর্তব্যকে এড়িয়ে যায়, সে সর্বদা সদাচারকে উপেক্ষা করে। যার মনে কর্তব্যের বিরুদ্ধে বিদ্রোহ থাকে, বাস্তবে সে সদাচারের প্রতি বিদ্রোহ ঘোষণা করে থাকে। যখন কর্তব্য ভালোবাসার বিষয় হয়ে ওঠে, যখন প্রতিটা কর্তব্য সঠিক উপায়ে, বিশ্বাসপূর্বক, কোনও রকম কামনা ছাড়াই পালন করা হয়, তখন স্বার্থপরতা আপনা থেকেই দূরে চলে যায়। তখন মানুষ সত্যের দিকে অনেকটা এগিয়ে যায়। যে ব্যক্তি সদাচারী সে নিজের মন থেকে প্রতিটা কর্তব্য পালনের চেষ্টা করে, কখনই সে অন্যের কর্তব্য পালনের বিষয়ে হস্তক্ষেপ করে না।

নবম পদক্ষেপটি অটল সত্যনিষ্ঠা ও নৈতিক সত্যনিষ্ঠা-র উপর ভিত্তি করেই গড়ে উঠেছে। এই গুণ দৃঢ়তার সাথে মনে স্থাপিত হওয়াটা খুবই জরুরি। এর দ্বারা মানুষের মধ্যে থেকে সমস্ত প্রকার ছল-কপট, বেইমানি,

ভুল কথা বলার প্রবনতা প্রভৃতি সব দূর হওয়া সম্ভব। অবশেষে সে সমস্ত প্রকার কপটতা ও প্রতারণার থেকে মুক্তি লাভ করবে। সত্য ও ধার্মিকতার পথে চললে আপনি অবশ্যই সদ্‌গুণের অধিকারী হতে পারবেন।

যখন কথা বলবেন তখন অতিরিক্ত কিছু বলে ফেলবেন না, আপনার কথার দ্বারা যেন কেউ অমর্যাদা বোধ না করে, কিন্তু সহজভাবে সত্য বলতে কিছুতেই পিছপা হবেন না। অহংকারে অন্ধ হয়ে, ব্যক্তিগত লাভের আশায়, কোনও প্রতারণা করে বসবেন না, তা যতই ছোট বিষয় হোক না কেন, আপনার মনে ভ্রমের জন্ম দেবে, যা দূর করার চেষ্টা করতে হবে। সদাচারী ব্যক্তিকে তার মন, কর্ম ও বচনকে নিয়ন্ত্রণে রাখতে বলা হয়, কঠোরতার সাথে তার পালন করতে হয়। কথা বলার সময় তার মুখ থেকে যেন শুধু সত্যই নির্গত হয়, অতিরিক্ত কোনও কথা যেন নির্গত না হয়।

এই অভ্যাস তাকে ধীরে ধীরে নিষ্কপট করে তুলবে, তার অন্তর সত্যনিষ্ঠ সিদ্ধান্তে ভরে উঠবে, তার অন্তর ন্যায়ে ভরে উঠবে, সে পক্ষপাত মূলক দৃষ্টি ত্যাগ করতে সক্ষম হবে, নিজের মনের পূর্ব ধারণা ত্যাগ করে, নতুন দৃষ্টিতে সমস্তটা দেখতে সক্ষম হবে। যখন সত্য ও সদ্‌গুণ অভ্যাসের দ্বারা লাভ করা সম্ভব হয়, তখন সমস্ত রকম প্রলোভন ও কপটতা নিজের থেকেই সমাপ্ত হয়ে যায়, হৃদয় শুদ্ধ ও শ্রেষ্ঠ হয়ে উঠবে। তখন চরিত্র দৃঢ় হয়ে ওঠে, জ্ঞান বৃদ্ধি পায়, জীবন একটা নতুন অর্থ ও শক্তি লাভ করতে সক্ষম হয়। এইভাবেই নবম পদক্ষেপ সম্পন্ন হয়ে যায়।

দশম পদক্ষেপ হল, ক্ষমা করতে শেখা। অহংকার, স্বার্থ ও অভিমানের জন্য মানুষের মধ্যে যে ভাবের সৃষ্টি হয়, তাকে নিয়ন্ত্রণ করতে শেখায় এই দশম পদক্ষেপ। সমস্ত দান নিঃস্বার্থ ভাবে করতে হবে, তার জন্য প্রয়োজন উন্মুক্ত মনের। এটা ছাড়া প্রতিশোধ এবং প্রতিকার অত্যন্ত

নিন্দনীয়, একদম ভিত্তিহীন, মূর্খামি ও তুচ্ছ বলে মনে হয়, যা সম্পূর্ণ রূপে অযোগ্য হয়ে উঠবে। যে ব্যক্তি নিজের মনে এমন পরিস্থিতির জন্ম দেয়, সে নিজেকে আরও মূর্খামি ও বেদনার মধ্যে জরিয়ে ফেলে, সেই সাথে নিজের মনকেও সঠিক পথ দেখাতে ব্যর্থ হয়। শুধুমাত্র এই গুলি দূর করে বা তার দ্বারা প্রেরিত না হলে, মানুষের চোখ জীবনের সঠিক পথ দেখতে পারে ও সেই অনুসারে চলতে পারে। জীবনের পথে চলার জন্য ক্ষমা ও পরোপকার এই দুটি খুবই গুরুত্বপূর্ণ হয়ে ওঠে, এই দুটির অভ্যাস করতে পারলে মানুষের জীবন সুব্যবস্থিত ও সুন্দর হয়ে ওঠে, তাতে নতুন আশার সঞ্চার ঘটে।

যারা অত্যাধিক গুণী তাদের হৃদয়ে কখনই ব্যক্তিগত আঘাতের ভাবনা জাগ্রত হয় না। তাদের মনে কোনও রকম প্রতিশোধ স্পৃহা থাকে না, কোনও ব্যক্তি তার শত্রু নয়। যদি অন্য কেউ নিজেকে তার শত্রু বলে মনে করে, তখন সে তাকে দয়া দেখায়, তার অজ্ঞানতাকে বোঝে ও সম্পূর্ণ রূপে মুক্তি দেয়।

যখন হৃদয় এমন অবস্থায় পৌঁছে যায়, তখন নিজেকে খোঁজার যে প্রবৃত্তি তা অনুশাসিত হয়ে ওঠে, আর এইভাবে দশম পদক্ষেপ সমাপ্ত হয়। তারপর নৈতিক সদ্গুণ এবং জ্ঞানের তৃতীয় শিক্ষাকে শেখা সম্ভব, আর তাতে দক্ষও হয়ে ওঠা যায়।

এইভাবে সঠিক কাজ করা এবং সঠিকটা কী তা জানার আগে এই দশটা পদক্ষেপ এবং তিনটি শিক্ষা নির্ধারণ করার পরে, আমি নিজের পাঠকদের উপর কিছু বিষয় ছেড়ে দিতে চাই, তারা এর সাহায্যেই নিজেদের জীবনকে দক্ষতার সাথে চালনা করতে সক্ষম হবে।

নিঃসন্দেহে, শরীরকে নিয়ন্ত্রণ করতে জানতে হবে, জিভের লাগাম আরও বেশি শক্ত করে ধরতে হবে। আনন্দ ও জ্ঞানের উচ্চতম অবস্থা

প্রাপ্ত করার আগে, আর তা বোঝার জন্যই অনেক বেশি গুণের প্রয়োজন। এখানে আমি এর সাথে মোকাবিলা করতে আসেনি। উচ্চতর পথ খোঁজার জন্য আমি সর্বপ্রথম ও সবচেয়ে সহজ শিক্ষার কথা বলে দিয়েছি, তা সম্পূর্ণ রূপে বুঝতে পারলেই, দক্ষতা অর্জন করা সম্ভব হবে। তখন পাঠক এতটাই শুদ্ধ, দৃঢ় এবং সংকল্প বদ্ধ হয়ে উঠবে যে, নিজের ভবিষ্যতের উন্নতির জন্য আর কোনও রকম অন্ধকারে থাকবে না।

আমার পাঠকের মধ্যে যারা এই তিনটে শিক্ষা রপ্ত করতে সক্ষম হয়েছে, তারা আগে থেকেই সত্যের পথে চলার জন্য শুদ্ধ রাস্তায় এগাতে সক্ষম। তারা আরও এগাতে চায় কিনা, তা তারাই নির্ধারণ করতে পারবে।

যে সহজ সরল পথে চলতে বিশ্বাসী, সে একদিকে যেমন নিজেকে লাভবান করে, অন্যদিকে তেমনি অন্যদেরও লাভবান করে তোলে। এমনকী যে মানুষ সত্য প্রাপ্তির আশা করেনা, তারাও যদি এই পথ অনুসরণ করে, তাহলে অনেক বেশি নৈতিক শক্তি সম্পন্ন হয়ে উঠবে, তারা উন্নত নির্ণয় নিতে সক্ষম হবে, গভীর শান্তি

বিকশিত করতে পারবে। তাদের জীবনের সমৃদ্ধি কোনও ভাবেই প্রভাবিত হতে পারবে না, বরং তা অনেক বেশি সত্য, শুদ্ধ ও স্থায়ী হয়ে যাবে।

যে ব্যক্তি সফলতা অর্জন করতে সক্ষম, যে তা প্রাপ্ত করার জন্য নিজেকে উপযুক্ত করে তুলতে পারে, সে নিজের সমস্ত ছোট-ছোট দুর্বলতা কাটিয়ে উঠতে সক্ষম হয়, দৈনন্দিন জীবনে চলার পথে সমস্ত ভুল-ক্রটি গুলি দূর করতে পারে। নিজের শরীর ও মনকে শাসন করার মতো পর্যাপ্ত ক্ষমতা থাকে তার মধ্যে, সে সর্বদা অখণ্ডতা ও সদাচারের পথ গ্রহণ করে এগিয়ে যায়।

৬.
মানসিক পরিস্থিতি ও তার প্রভাব

সঠিক জীবন লাভের জন্য বড় পদক্ষেপ ও উপযুক্ত শিক্ষার (গণ্ডীবদ্ধ কাজের বাইরের কোনও কাজ) প্রয়োজন। সেইভাবে নিজের মানসিক পরিস্থিতি গঠন করতে পারলে তবেই জীবনকে সামগ্রিক ক্রমে নিয়ে আসা সম্ভব। যে মানুষরা মন ও মানসিকতার দিক থেকে এগিয়ে যেতে প্রস্তুত থাকে, তাদের জন্য এই ধরনের সংকেত খুবই গুরুত্বপূর্ণ, এর সাহায্যে তারা এগিয়ে যেতে সক্ষম হয়। প্রেম ও শান্তি তাদের জন্য অপেক্ষা করে, যাতে তাদের উন্নতি সাধনে সাহায্য করতে পারে।

সমস্ত রকম পাপই অজ্ঞানতা। এটা অন্ধকার ও বিকশহীনতার দিকে নিয়ে যায়। ভুল বিচারক ও ভুল কর্তা জীবনের পাঠশালায় এক সমান স্থিতিতে বিরাজ করে, যেমন বিদ্যালয়ের অজ্ঞান ছাত্ররা কিছুই জানে না। কীভাবে নিয়মানুসারে কার্য করা যায়, তার সঠিক পদ্ধতি কী, তাদেরকে এই বিষয়টা শিখতে হবে। যারা শিখতে চায়, তারা যখন ভুল কিছু শেখে বা তাদের শেখার পদ্ধতি যদি ঠিক না হয়, তাহলে কখনই তারা অন্তর থেকে খুশি হতে পারে না। ঠিক তেমন ভাবেই যতক্ষণ না পাপকে জয় করা যায়, ততক্ষণ পর্যন্ত দুঃখের হাত থেকে বাঁচা সম্ভব না।

জীবন আমাদের বারংবার কিছু না কিছু শেখায়, এই শৃঙ্খলা কখনই শেষ হওয়ার নয়। কেউ কেউ তা খুব মন দিয়ে শেখে, এমন ধরনের

মানুষরা শুদ্ধ ও বুদ্ধিমান হয়, তারা সমস্ত রকম ভাবে খুশিতে থাকার চেষ্টা করে। অন্যদিকে যারা বেপরোয়াভাবে জীবন কাটাতে চায়, তাদের জন্য তা কিছুতেই প্রযোজ্য নয়। তারা অপবিত্র ও মূর্খই থেকে যায়, তাদের সারাটা জীবন দুঃখের মধ্যে দিয়েই অতিবাহিত হয়।

এমন ধরনের দুঃখ মনে ভুল স্থিতির জন্ম দেয়। মনের পরিস্থিতি যদি সঠিক হয়, তাহলে আপনার জীবন খুশিতে অতিবাহিত হবে। সুখ মানসিকতার উপর নির্ভর করে, দুঃখও মানসিক পরিস্থিতির উপরেই নির্ভর করে। যখন কোনও মানুষের মনের পরিস্থিতি ঠিক না হয়, তখন তার সম্পূর্ণ জীবনটা ভুল হয়ে যায়, আর তাকে ক্রমাগত সমস্যা ভোগ করতে হয়।

ভুলের মধ্যে থেকেই দুঃখের জন্ম। জ্ঞানের মধ্যে লুকিয়ে থাকে আনন্দের বীজ। অজ্ঞানতা, ভুল ও আত্ম-ভ্রম দূর করতে পারলে তবেই মানুষ উদ্ধার লাভ করতে পারবে। মানুষের মনের পরিস্থিতি যদি ঠিক না হয়, তাহলে তা বন্ধন ও অশান্তির সৃষ্টি করে। যেখানে মনের পরিস্থিতি সঠিক, সেখানেই স্বাধীনতা ও শান্তির বাস।

এখানে কিছু ভুল মানসিক পরিস্থিতির উল্লেখ করা হল, তার ফলে মানুষের জীবন কতটা ক্ষতিগ্রস্ত হতে পারে, সেটাও বলা হচ্ছে —

১. **ঘৃণা**— এই আঘাত মানুষকে হিংসা, বিপদ ও পীড়ার দিকে নিয়ে যায়।

২. **বাসনা**— যে বুদ্ধি, মানুষকে অনুতাপ, লজ্জা ও দুর্বলতার দিকে নিয়ে যায়।

৩. **লোভ**— যে ভয়, অশান্তি, দুঃখ এবং ক্ষতির দিকে নিয়ে যায়।

৪. **মিথ্যাভিমান বা দম্ভ**— যার থেকে নিরাশা, অপমান এবং আত্ম-জ্ঞানের অভাব ঘটে।

৫. **অহংকার**— যা আত্মাকে সংকট ও আত্মদমনের দিকে নিয়ে যায়।

৬. **নিন্দা**— যা অন্যকে উৎপীড়ন ও ঘৃণার দিকে নিয়ে যায়।

৭. **দুর্ভাবনা**— যা অসফলতা ও সমস্যার দিকে নিয়ে যায়।

৮. **আত্মগ্লানি**— যে দুঃখ, সিদ্ধান্তের ক্ষতি, স্থূলতা, রোগ ও উপেক্ষার দিকে নিয়ে যায়।

৯. **ক্রোধ**— যার জন্য শক্তি ও প্রভাব কমে যায়।

১০. **ইচ্ছা ও নিজের দাসত্ব**— যে দুঃখ, মূর্খামি, লজ্জা, অনিশ্চয়তা এবং একাকীত্বের দিকে নিয়ে যায়।

উপরে মনের যে স্থিতি গুলি দেওয়া হল, তা কোনও ভাবেই কাম্য নয়। তা মনে অন্ধকার বা অভাবের জন্ম দেয়, পজেটিভ শক্তির নাশ করে। কোনও খারাপই কখনই কোনও শক্তি হতে পারে না। তা এক ধরনের অজ্ঞানতা, যা ভালোর ক্ষতি ডেকে আনে। ঘৃণা হল এমন এক পাঠ, যা কিছুতেই প্রেমের পাঠ শেখাতে দেয় না, যার ফলে নিজেকেই সেই পরিণাম ভোগ করতে হয়। যখন কোনও ব্যক্তি নিজের মন থেকে এই ধরনের বিকার গুলি টেনে বার করে দিতে পারে, যখন ঘৃণা দূর হয়ে যায়, তখন সে ঘৃণার অন্ধকার, নপুংসকতা নিজেই অনুভব করতে পারে। প্রতিটা ভুল পরিস্থিতির সাথে এমনটাই ঘটে।

নিম্নে কিছু সঠিক মানসিক স্থিতির উল্লেখ করা হল, যার প্রভাবে জীবন লাভ জনক হয়ে উঠবে -

১. **প্রেম**— যা কোমল পরিস্থিতি, আনন্দ ও আশীর্বাদের দিকে নিয়ে যায়।

২. **পবিত্রতা**— যা বুদ্ধিকে নির্মল করে তোলা, আনন্দ ও অজেয় আত্মবিশ্বাসের দিকে নিয়ে যায়।

৩. **নিঃস্বার্থপরতা**— যা সাহস, সন্তুষ্টি, খুশি ও প্রাচুর্যের দিকে নিয়ে যায়।

৪. **নম্রতা**— যা শান্তি, বিশ্রাম, সত্য ও জ্ঞানের দিকে নিয়ে যায়।

৫. **সৌমতা / ভদ্রতা**— যা সমস্ত পরিস্থিতিতেই ভারসাম্য বজায় রাখতে সাহায্য করে এবং সন্তুষ্টির দিকে নিয়ে যায়।

৬. **করুণা**— যা অন্যদের সুরক্ষা, প্রেম ও সন্মান প্রদান করে।

৭. **সদ্ভাবনা**— যে খুশি, সফলতার দিকে নিয়ে যায়।

৮. **আত্ম-সংযম**— যা মনের শান্তি, প্রকৃত ন্যায়, শুদ্ধতা, সুস্বাস্থ্য ও সন্মানের দিকে নিয়ে যায়।

৯. **ধৈর্য্য**— যা মানসিক শক্তির দিকে নিয়ে যায়। দূরগামী প্রভাবের সৃষ্টি করে।

১০.**আত্ম-বিজয়**— যে জ্ঞান, আনন্দ, অন্তর্দৃষ্টি এবং সম্পূর্ণ শান্তির দিকে নিয়ে যায়।

উপরে মনের যে পজেটিভ স্থিতির উল্লেখ করা হল, তা মানুষকে শক্তি, প্রকাশ, আনন্দপূর্ণ অধিকার এবং জ্ঞানের অবস্থার দিকে নিয়ে যায়। যারা প্রকৃত ভালো তারা জানে তারা প্রকৃত শিক্ষা লাভ করতে সক্ষম হয়েছে। তাই তারা জীবনের সঠিক অনুপাতটাও জানে, যা তাদের জীবনকে সুন্দর করে তোলে। তারা ভালো মন্দের বিচার করতে জানে। সে পরম প্রসন্নতা লাভ করে, তারা সর্বদা সেই কাজটাই করে, যা প্রাকৃতিক দিক থেকে সঠিক, যা কখনও কাউর ক্ষতি করতে পারে না।

যাদের মনের পরিস্থিতি ঠিক নয়, তাদের পক্ষে ভালো-মন্দের বিচার করাটা খুবই কঠিন। কোন কাজটা তার জন্য ভালো আর কোনটা মন্দ, কোন কাজ তার জীবনকে গড়ে তুলতে পারে, আর কিসের জন্য জীবনে কু-প্রভাবের সৃষ্টি হয়, এই সব বিষয়ে তাদের কোনও অভিজ্ঞতাই থাকে না।

তারা নিজেদের অন্তরের জন্যই দুঃখে থাকে, অথচ তারা মনে করে তাদের দুঃখের কারণ হল অন্যরা। তারা নিজেদের চোখ বন্ধ করে কাজ করে, এবং অন্ধকারেই থেকে যায়। তাদের জীবনে কোনও কিছুই ব্যবস্থিত বা বৈধ্য ক্রমে দেখা যায় না।

যে মানুষ উচ্চ জীবন লাভের জন্য পূর্ণতা প্রাপ্তির আকাঙ্ক্ষা করে, যে নিজের দৃষ্টি দ্বারা বিভিন্ন জিনিসের বাস্তবিক ক্রম ও জীবনের অর্থ বুঝতে সক্ষম হয়, সে হৃদয়ের সমস্ত ভুল পরিস্থিতি ত্যাগ করতে সক্ষম হয়, ক্রমাগত ভালো কিছু করার জন্য অভ্যাস চালিয়ে যায়। যদি তার মধ্যে বেদনা, দুঃখ ও সন্দেহ থাকে, তাহলে তারা নিজেদের মধ্যেই তার কারণ সন্ধান করার চেষ্টা করে ও মনের ভেতর থেকে তা দূর করার চেষ্টা করে।

তারা নিজেদের হৃদয় এতটাই সুরক্ষিত আর পবিত্র করে তোলে যে, তার থেকে প্রতিদিন খারাপ কম, ভালোই বেশি নির্গত হয়। এইভাবে সে প্রতিদিন বলবান, মহান ও বুদ্ধিমান হয়ে ওঠে। ক্রমশ তার ভেতরে আশীর্বাদ বাড়তে থাকে, সত্যের প্রকাশ ক্রমশ বৃদ্ধি পায়।

এমন মানুষের অন্তর শুধু উজ্জ্বলতায় ভরা থাকে, সমস্ত হতাশা দূর সরে গিয়ে তার চলার পথ উজ্জ্বলতায় ভরে ওঠে।

৭.

পরামর্শ

যারা সত্যের পথে চলে, সদাচারের প্রেমিক, জ্ঞানের সাধক, তারাই সত্যের শিষ্য। আপনি যদি আত্ম-জীবনের শূণ্যতা দেখে, দুঃখে ভেঙে পড়েন, আর যদি এমন জীবন পেতে চান, যা পরম সুন্দর, যা আপনাকে শান্তি ও আনন্দ প্রদান করবে, তাহলে নিজের জীবন নিজের হাতে গড়ে তোলার চেষ্টা করুন। অনুশাসনের দ্বারে প্রবেশ করুন ও সমৃদ্ধ জীবন যাপনের চেষ্টা করুন।

আত্ম-ভ্রম দূর করার চেষ্টা করুন। আপনি যেমন, ঠিক সেই ভাবেই নিজেকে দেখার চেষ্টা করুন। পূণ্যের মার্গ যেমন, ঠিক সেইভাবেই তা দেখার চেষ্টা করুন। সত্য প্রাপ্তির কোনও সঠিক প্রক্রিয়া হয়না। যে পাহাড়ের নিচে দাঁড়িয়ে থাকে, তাকে জোর কদমে উপরে ওঠার চেষ্টা করতে হবে, নিজের সমস্ত শক্তি একত্রিত করার জন্য আরাম করতে হবে। যদি চলার পথে মেঘের দেখা পান, তাহলেও উদাস হয়ে যাবেন না, কারণ চলার পথ কিন্তু সর্বদা সুন্দর হয়। অনুশাসন নিজের মতো করেই সুন্দর, আর অনুশাসনের শেষ পরিণাম সর্বদা মিষ্টি হয়।

শীঘ্র ঘুম থেকে ওঠার চেষ্টা করুন, ধ্যান করুন। একজন বিজয়ীর মতো নিজের প্রতিটা দিন শুরু করার চেষ্টা করুন। দৃঢ়তার সাথে নিজের মনের সমস্ত ক্রুটি ও দুর্বলতা দূর করার চেষ্টা করুন। প্রস্তুতি না থাকলে মন থেকে সংঘর্ষের প্রলোভন দূর করা যায় না।

মৌন থাকলে মনকে অনেক বেশি শক্তিশালী ও ব্যবস্থিত করে তোলা যায়। তা দেখা ও বোঝার জন্য নিজেকে প্রশিক্ষণ প্রদান করতে হবে। যদি আপনার মধ্যে সঠিক জ্ঞান বিকশিত হয়, তাহলে সমস্ত প্রলোভন দূর হয়ে যায়।

অনুশাসনের মধ্যে যদি কোনও সন্দেহ না থাকে, তাহলে আপনি সঠিক জ্ঞান লাভ করতে সক্ষম হবেন। অনুশাসন ছাড়া কখনই সত্য পর্যন্ত পৌঁছানো সম্ভব না। চেষ্টা ও অভ্যাসের দ্বারা ধৈর্য্য বৃদ্ধি পায় এবং ধৈর্য্য আপনার অনুশাসনকে আরও সুন্দর করে তোলে।

যারা নিজের মনকে ধরে রাখতে জানে না, যারা নিজেকে ভালোবাসেনা, তাদের কাছে অনুশাসনের কোনও গুরুত্ব নেই, তারা সর্বদা শিথিলতা ও ভ্রমের মধ্যে দিয়ে জীবন অতিবাহিত করে।

যারা সত্যের পথে চলতে চায়, যারা সত্যকে ভালোবাসে, তাদের কাছে তা কখনই বিবক্তিকর বলে মনে হয় না, তা তাদের জন্য অরুচির বিষয় হয়ে ওঠে না। সে অনন্ত ধৈর্য্যের সাথে প্রতীক্ষা করে, যেকোনও কাজ ধৈর্য্যের সাথে শেষ করার চেষ্টা করে, ও তা শেষ করতে সফল হয়। মালী যেমন নিজের হাতে চারা গাছ রোপন করে, তাতে সার ও জল দিয়ে বড় করে তোলে, সেই গাছে যখন ফুল আসে, তখন তা দেখে তার মন আনন্দে ভরে যায়। ঠিক সেই ভাবেই। যে ব্যক্তি অনুশাসনের মধ্যে দিয়ে চলে, সে নিজের ভেতরে পবিত্রতা, বুদ্ধিমত্তা, করুণা এবং প্রেমের অনুভব করে। নিজের ভেতরে সে যেন এমনই ফুল বিকশিত হতে দেখে। যা তাকে আনন্দ দেয়, তার হৃদয়টা বিকশিত করে তোলে।

যাদের মন দুর্বল, তারা কিছুতেই নিজেদের দুঃখ ও বেদনা দূর করতে সক্ষম হয় না, সর্বদা সেই পীড়ার অনুভব করে তারা। এইভাবে তাদের জীবনে নেমে আসে বিভিন্ন প্রকার অশান্তি, এই অশান্তি তাদের জীবনকে অনুশাসনহীন করে তোলে, আর তার জন্য তাদের জীবন দুর্বল থেকে দুর্বলতর হয়ে ওঠে।

সর্ব প্রথম আপনাকে নিজের মস্তিষ্ককে নিয়ন্ত্রণে আনতে হবে, মস্তিষ্ক নিয়ন্ত্রণে থাকলে তা সুব্যবস্থিত হয়ে যায়, তারপর তা সত্যের প্রেমিক হয়ে ওঠে। সর্বদা সতর্ক থাকবেন, বিচারের দ্বারা বোঝার চেষ্টা করুন, দৃঢ়তা বজায় রাখুন। আপনি নিজের জীবনে কতটা তৎপর, কতটা চেষ্টার দ্বারা নিজের জীবনের সমস্ত সমস্যার সমাধান করতে চাইছেন, তার উপরেই নির্ভর করছে আপনার উদ্ধার, আপনি যত এগিয়ে যাবেন, আপনার উদ্ধারও ততই নিকটে আসবে। আপনি যদি দশবার অসফল হন, তারপরেও নিজের মনকে ছোট করবেন না, ভেঙে পড়বেন না। আপনি যদি চলার পথে একশত বারও অসফলতার মুখ দেখেন, তাহলেও নিজের মনকে ছোট করবেন না, হতাশায় ভেঙে পড়বেন না, বরং উঠে দাঁড়ান ও এগিয়ে চলুন। যদি হাজারবার অসফল হন, তাহলেও নিরাশ হবেন না, কারণ জীবন থেমে থাকার নাম নয়, চলাই জীবনের আসল পরিচয়। আপনি যে পথে প্রবেশ করেছেন, তা কোনও অবস্থাতেই ছেড়ে যাওয়ার কথা ভাববেন না, যেভাবে হোক সেই পথ চলা শেষ করুন, আপনি নিশ্চয়ই সফলতার মুখ দেখতে সক্ষম হবেন। প্রথমে সংঘর্ষ, তারপর জয়। প্রথমে শ্রম, তারপর বিশ্বাস। প্রথমে দুর্বলতা, তারপর শক্তি। সর্বদা নিচের থেকেই জীবন শুরু হয়, সংঘর্ষের মাধ্যমে ধীরে ধীরে শুরু হয় এগিয়ে চলা, এই এগিয়ে চলার পথে লড়াই থাকলেও তার মধ্যে থাকে সৌন্দর্য। যা আপনার জীবনকে মুগ্ধ করে তোলে, শান্তিতে ভরিয়ে তোলে।

একটা দিন মানে, কয়েক ঘণ্টা। বিভিন্ন ঘটনার মধ্যে দিয়ে সেই কয়েক ঘণ্টা অতিক্রম হয়ে যায়, অর্থাৎ একটা দিন শেষ হয়ে যায়। আমাদের সুখ আর অসুখও এই চক্রের মধ্যেই ঘোরাফেরা করা। যার দ্বারা আমরা ইচ্ছা করলেই উপরে উঠতে পারি। আমাদের কাছে ডানা থাকে না, আমরা উড়তে পারি না। আমাদের মনে থাকে ইচ্ছা, আর সেই ইচ্ছা পূরণের জন্য ভগবান দু'টি পা ও দু'টি হাত দিয়েছেন।

এইগুলি গ্রহণ করে দেখুন!

❖❖❖

Out From The Heart (BANGALI)